AF321071

JEANNE HACHETTE,

OU

LE SIEGE DE BEAUVAIS;

PANTOMIME EN TROIS ACTES;

Représentée au Théâtre des Grands Danseurs du Roi, au mois de Juillet 1784.

Par Mlle. M. F. A. G***. C^d.

Prix, 12 fols.

A PARIS;

Chez BRUNET, Libraire, rue de Marivaux ; près le Théâtre Italien.

Et au Spectacle des Grands Danseurs du Roi.

M. DCC. LXXXIV.

PERSONNAGES.

JEANNE HACHETTE, Bourgeoise de Beauvais.

COLIN PILON, son Mari.

Leur Fils, âgé de 11 ans.

Deux Femmes d'Hachette.

LE DUC DE BOURGOGNE.

Plusieurs Officiers de son parti.

Un Héraut d'armes.

LE CONNÉTABLE DE SAINT-POL.

LE COMTE DAMMARTIN.

Troupe de Femmes Beauvaisiennes.

Troupe de Picards & de Beauvaisiens.

Troupe d'Arbalétriers.

Armée de CHARLES, Duc de Bourgogne.

La Scene, au premier Acte, dans la maison de Jeanne Hachette; ensuite dans une place publique, & puis dans le camp ennemi.

TRAIT HISTORIQUE.

« Jeanne Hachette, femme illustre de
» Beauvais en Picardie, se mit à la tête des
» autres femmes en 1472, pour combattre
» les Bourguignons qui tenoient cette Ville
» assiégée. Le jour de l'assaut, cette Hé-
» roïne parut sur la breche, arracha le dra-
» peau qu'on y vouloit arborer, & jeta le
» Soldat qui le portoit, en bas de la mu-
» raille. Le nom de cette Amazone est cher
» à Beauvais. Ses descendans sont exempts de
» taille ; & en mémoire de cette belle ac-
» tion, il se fait tous les ans, le 10 Juillet,
» une procession où les femmes marchent les
» premieres. » Dictionnaire historique, des
hommes célebres, tom. 3, page 409.

LA briéveté de ce trait ne m'ayant pas paru suffisante pour former la durée d'une action Pantomime, & desirant mettre sur la Scene l'héroïsme d'une personne de mon sexe, je me suis permis de créer quelques épisodes, pour me conformer aux convenances théatrales.

Sexe aimable, sensible & tendre,
O mon Sexe ! Sexe charmant,
Vous dont l'empire est si puissant;
Qu'à vos genoux tout vient se rendre;
Vous qui régnâtes de tous tems,
Et dans les cieux, & sur la terre,
Par les attraits, par les talens,
Et sur-tout par le don de plaire :
Laissez tomber sur mes essais
Ce regard doux & peu sévere,
Prix de l'Amant qui persévere,
Je serai sûre du succès;
Et je m'applaudirai d'avoir en cet Ouvrage;
Su prouver à nos détracteurs;
Qu'une épée en nos mains fait autant de ravage
Que nos yeux en font sur les cœurs.

JEANNE HACHETTE.

ACTE PREMIER.

SCENE PREMIERE.

Le Théâtre repréſente l'Appartement de Jeannè Hachette.

JEANNE HACHETTE, en l'abſence de ſon époux, eſt occupée à broder à un métier de tapiſſerie.

SCENE II.

DEUX de ſes femmes lui amenent ſon fils. Il ſaute au cou de ſa mere qui lui rend ſes baiſers in-nocens ; puis il prend ſon portrait qu'il eſt en train de deſſiner, & y travaille tandis qu'elle continue ſon ouvrage.

A iij

Il s'interrompt de tems en tems pour montrer à sa mere les progrès de son travail.

SCENE III.

COLIN PILON arrive. Hachette quitte son ouvrage pour courir embrasser son époux. L'enfant imite sa mere, & Pilon rend à l'un & à l'autre caresse pour caresse.

Des pleurs coulent des yeux de Pilon. Hachette étonnée lui en demande la cause ; il lui apprend que les Bourguignons assiègent la Ville ; qu'ils sont près d'en être les vainqueurs ; que, sans tarder, il faut qu'il la quitte pour aller défendre leurs remparts.

Hachette voudroit le retenir ; mais l'amour de la patrie l'emporte sur sa tendresse. Elle lui donne elle-même son épée & l'encourage à signaler sa valeur. « Va, dit-elle, cueillir des lauriers en soute- » nant ton pays opprimé. Un époux tendre & glo- » rieux n'en sera que plus cher à mon cœur. »

Pilon la serre affectueusement dans ses bras, & s'arrache, avec effort, d'auprès d'elle & de son jeune fils.

SCENE IV.

Hachette le voyant partir, s'applaudit d'abord d'avoir un époux si courageux, & se repaît de la flatteuse espérance qu'il viendra bientôt lui annoncer la défaite des Bourguignons. Tout à coup un sentiment de crainte & de tristesse s'empare de ses sens. Si son époux allait être victime de sa bravoure? L'enfant, voyant sa mere se livrer au chagrin, fait ses efforts pour la consoler. Elle l'écoute avec complaisance ; la candeur & l'ingénuité de cet enfant lui rendent son espérance premiere. « Non, (dit-elle avec transport,) mon époux ne » peut succomber : il est armé pour la bonne cause ; » le ciel protégera son bras & nos remparts. »

SCENE V.

Un Bourgeois annonce à Hachette que son mari vient d'être fait prisonnier dans une sortie contre les Assiégeans ; que le Duc de Bourgogne, à la tête de son armée, va bientôt emporter la Ville d'assaut. La belliqueuse Hachette jure de venger & sa patrie & son époux. Elle ordonne au Bourgeois d'aller encourager les Picards, en les aſſurant qu'elle va ſe rendre ſur le rempart, à la tête d'un parti de femmes, pour repouſſer l'ennemi.

Le Bourgeois, étonné de tant de courage dans une femme, ſe retire en lui promettant d'exécuter ponctuellement ſes volontés.

SCENE VI.

Hachette appelle ſes femmes. Elles la revêtent d'une ſoubreveſte. Elle enfonce un chapeau ſur ſes yeux, ſaiſit une épée, embraſſe ſon fils, & fait quelques pas pour ſortir.

Son jeune enfant la ſupplie de lui permettre de la ſuivre. Il veut combattre auprès d'elle. Comme les momens ſont preſſans, Hachette commande à ſes femmes de retenir ſon fils, & elle ſort.

SCENE VII.

Cet enfant, reſté ſeul, ſe livre à tout le déſeſpoir de ſa ſituation.

Les femmes, qui ſont demeurées auprès de lui, s'en approchent pour le conſoler. Il les rebute avec fureur. On entend quelques coups de canon. Les femmes paroiſſent effrayées. L'enfant ſe leve avec précipitation & veut ſortir. Il eſt retenu de nouveau par les deux femmes. Il leur dit, avec un air animé, que ſi elles veulent retenir davantage ſes pas, il va ſe plonger ſon épée dans le ſein. Puis, joignant l'action aux paroles, il tire ſon épée & va pour s'en frapper. Une des femmes lui arrête le bras, & l'autre s'évanouit de frayeur.

Nouveau bruit de canon. Cet enfant courageux va prendre deux épées, en remet une à chacune de ſes gardiennes, & les engage à imiter la valeur de ſa mere. Elles s'y déterminent enfin. Cet enfant leur témoigne ſa joie en les comblant de careſſes; & elles ſortent avec lui, dans le deſſein de voler ſur les pas de leur maîtreſſe.

Fin du premier Acte.

ACTE II.

SCENE PREMIERE.

Le Théâtre représente une Place publique.

JEANNE HACHETTE paroît avec son fils à la tête d'une troupe de femmes. Quand elle les a toutes rangées, de droite & de gauche, elle les harangue & leur fait prêter serment, sur son épée, de venger courageusement leur pays, & de mourir plutôt que de se rendre. Toutes ses concitoyennes le jurent d'une voix unanime. Ensuite mettant toutes un genou en terre & élevant leurs mains vers le Ciel, elles lui adressent une priere pour obtenir la victoire.

Cette priere finie, on déploie les Drapeaux. Jeanne Hachette se remet à la tête de son parti avec son fils, & l'on défile en marche.

SCENE II.

Le Théâtre représente le Camp ennemi.

UNE foule de Soldats est dispersée dans ce camp. Les uns dorment, les autres s'enivrent, d'autres jouent, &c.

SCENE III.

UN détachement de Bourguignons entre chargé de différentes munitions. On les partage. Ensuite des Vivandieres & des Soldats dansent & se réjouissent.

SCENE IV.

LE Connétable & Dammartin, suivis d'une troupe d'Arbalétriers, envoyée par Louis XI, pour secourir les Beauvaisiens, tombent tout-à-coup dans le camp, mettent tout au pillage, s'emparent des munitions qui viennent d'être apportées, & incendient toutes les tentes, en saccageant ce qui s'oppose à leurs efforts; puis retournent vers les Picards, & laissent les Bourguignons en proie à une famine prochaine, en faisant occuper tous les endroits par où les convois pourroient leur arriver.

Fin du second Acte.

ACTE III.

Le Théâtre repréfente fur la gauche le Camp du Duc de Bourgogne ; fur la droite, la Ville de Beauvais ; & dans l'enfoncement un Pont-levis, entre de hautes murailles, garnies de Soldats & de canons, & bordées de paliffades.

SCENE PREMIERE.

LE Duc de Bourgogne paroît au milieu de plu-fieurs Officiers. Il dicte une fommation qu'on re-met à un Héraut d'armes, pour être portée aux ha-bitans de Beauvais. Le Héraut avance vers les murs de la Ville. Le Pont-levis s'abaiffe pour le rece-voir. On l'introduit, & l'on hiffe le Pont fur lui.

SCENE II.

LE Duc de Bourgogne fe fait amener les Prifon-niers. L'époux d'Hachette eft au nombre, chargé de chaînes. Le Duc leur reproche, avec hauteur, l'audace qu'eux & les leurs ont eue d'oser lutter contre lui. Ces braves Bourgeois lancent sur le Duc des regards de fureur & de mépris, qui expriment combien il payeroit cher tant d'insolence, si leurs mains étoient armées.

Le Duc de Bourgogne les menace de leur ôter la vie. Ils présentent tous à la fois leur sein, en bravant la mort, plus douce pour eux en ce moment que la captivité.

SCENE III.

LE Héraut d'armes revient apporter au Duc la réponse des Beauvaisiens. Le Duc ouvre l'envoi, sur lequel est écrit :

NOUS NE NOUS RENDRONS QU'A LA MORT.

Le Duc est indigné de la fierté de cette réponse. Les Beauvaisiens prisonniers témoignent le plaisir qu'ils ressentent de la fermeté de leurs compatriotes.

Le Duc, après s'être exhalé en menaces contre les Habitans de Beauvais, ordonne qu'avant qu'on commence l'assaut, les Prisonniers aient la tête tranchée, devant les murs de leur Ville, & sous les yeux de leurs amis.

Un Lieutenant du Duc fait avancer les Prisonniers.
Ils se mettent à genoux. On leur bande les yeux. Plusieurs Soldats nommés pour ce sacrifice, tirent leur
sabre au signal donné, & sont prêts à frapper......

SCENE IV.

Hachette, suivie de toutes ses Guerrieres
amies, vient fondre avec impétuosité sur ces as-
sassins, & les met en fuite.

SCENE V.

On brise les fers des prisonniers, on leur donne
de nouvelles armes. Ils poursuivent leurs ennemis ;
& Hachette, glorieuse d'avoir sauvé son époux,
monte, d'un pas triomphant, sur le rempart, avec
toutes les femmes qui l'imitent.

SCENE VI.

Le Duc de Bourgogne reparoît avec un plus grand
nombre de Soldats, & les anime à prendre, sans
plus tarder, cette Ville d'assaut.

On dreſſe des échelles. On lance des bombes. Les Beauvaiſiens répondent au feu du Duc par un feu plus fort encore.

Un détachement de Picards fait une ſortie ſur les Aſſiégeans, & force le Duc à reculer. Pendant ce tems, comme un des Soldats qui montent à l'aſſaut, veut arborer ſon étendard ſur la breche; Hachette vient à lui, lui plonge ſon épée dans le ſein, s'empare de l'étendard & précipite le Soldat du haut des murailles dans les foſſés.

Elle deſcend enſuite aux pieds des murs de la Ville, pour en chaſſer le reſte des Bourguignons.

SCENE VII & *derniere.*

PILON revient victorieux & amene avec lui le Duc de Bourgogne priſonnier. Tous les Bourguignons rendent les armes aux Amazones Beauvaiſiennes.

Pilon ſe précipite dans les bras de ſon épouſe. Vient enſuite le fils d'Hachette qui l'accable de ſes tendres careſſes. On rend les honneurs de la guerre à cette Héroïne.

On fait retirer le Duc; & Jeanne Hachette, l'étendard à la main, marche à la tête des femmes,

suivies des hommes, & rentré triomphante dans
les murs de Beauvais.

FIN.

Lu & approuvé le 5 Juillet 1784.

SUARD.

*Vu l'approbation, permis d'imprimer & représenter. À Paris,
ce 5 Juillet 1784.*

LE NOIR.

De l'Imprimerie de la Veuve VALADE, rue des
Noyers.